清・吴敬梓著

儒林外史

六册

黄山書社

儒林外史第二十二回

認祖孫玉圃聯宗　愛交遊雪齋留客

話說卜老爹睡在床上親自看見地府勾牌和道要去世了卽把兩个兒子媳婦叫到跟前都吩咐了几句遺言又把方纔看見勾批的話說了道快替我穿了送老的衣服我立刻就要去了兩个兒子哭哭啼啼忙取衣服來穿上穿著衣服他口裏自言自語道且喜我和我親家是一票他是頭一个我是末一个他已是去得遠

了我要趕上他去說著把身子一挣一頭倒在枕頭上兩个兒子都扯不住忙看時已沒了氣了後事都是現成的少不得修齋理七報喪開弔都是牛浦陪客這牛浦也就有几个念書的人和他相與乘著人亂也夾七夾八的來往初時卜家也還覺得新色後來見來的回數多了一个生意人家只見這些之乎者也的人來講歎話覺得可厭非止一日那日牛浦走到庵里庵門鎖著開了門只見一張帖子掉在地下上

面許多字是從門縫裏送進來的拾起一看上面寫道小弟董英在京師會試于馮琢菴年兄處得讀大作渴欲一晤以得識荆奉訪尊寓不值不勝悵悵明早幸駕少留片刻以便趨教至禱至禱看畢知道是訪那个牛布衣的但見帖子上有渴欲識荆的話是不曾會過何不就認作牛布衣和他相會又想道他說在京會試定然是一位老爺且叫他竟到卜家來會我嚇他一嚇卜家弟兄兩个有何不可主意已定即在

庵裡取紙筆寫了一个帖子說道牛布衣近日館于舍親卜宅尊客過問可至浮橋南首大街卜家米店便是寫畢帶了出來鎖好了門貼在門上回家向卜誠卜信說道明日有一位董老爺來拜他就是要做官的人我們不好輕慢如今要借重大爺明日早晨把客座裏收拾乾淨了還要借重二爺捧出兩杯茶來這都是大家臉上有光輝的事須帮襯一帮襯卜家弟兄兩个聽見有官來拜也覺得喜出望外一齊應諾

了第二日清早卜誠起來埽了客堂裏的地把囤米的摺子搬在廰外廊檐下取六張椅子對面放著叫渾家生起炭爐子煨出一壺茶來尋了一个捧盤兩个茶杯兩張茶匙又剥了四个圓眼一杯裏放兩个伺候停當直到早飯時候一个青衣人手持紅帖一路問了來道這里可有一位牛相公董老爺來拜卜誠道在這里接了帖飛跑進來說牛浦迎了出去見轎子已落在門首董孝廉下轎進來頭戴紗帽身穿淺藍

色緞圓領脚下粉底皂靴三綹鬚白淨面皮約有三十多歲光景進來行了禮分賓主坐下董孝廉先開口道久仰大名又讀佳作想慕之極只疑先生老師宿學原來還這般青年更加可敬牛浦道晚生山鄙之人胡亂筆墨蒙老先生同馮琢翁過獎抱愧實多董孝廉道不敢卜信捧出兩杯茶從上面走下來送與董孝廉董孝廉接了茶牛浦也接了卜信直挺挺站在堂屋中間牛浦打了躬向董孝廉道小价村野之人

不知禮體老先生休要見笑董孝廉笑道先生世外高人何必如此計論卜信聽見這話頭膊子都飛紅了接了茶盤骨都著嘴進去牛浦又問道老先生此番駕往何處董孝廉道弟已授職縣令今發來應天候缺行李尚在舟中因渴欲一晤故此兩次奉訪今既已接教過今晚即要開船赴蘇州去矣牛浦道晚生得蒙青目一日地主之誼也不會盡得如何便要去董孝廉道先生我們文章氣誼何必拘這些俗情弟此去若早得一地方便可奉迎先生到署早晚請教說罷起身要去牛浦攀留不住說道晚生即刻就來船上奉送董孝廉道這到也不敢勞了只怕弟一出去船就要開不得奉候當下打躬作別牛浦送到門外上轎去了牛浦送了回來卜信氣得臉通紅迎著他一頓數說道牛姑爺我至不濟也是你的舅丈人長親你叫我捧茶去這是沒奈何也罷了怎麼當著董老爺臊我這是那裏來的話牛浦道但凡官府來拜規矩

是該換二遍茶你只送了一遍就不見了我不說你也罷了你還來問我這些話這也可笑卜誠道姑爺不是這樣說雖則我家老二捧茶不該從上頭往下走你也不該就在董老爺跟前洒出來不惹的董老爺笑牛浦道董老爺看見了你這兩个灰撲撲的人也就够笑的了何必要等你捧茶走錯了纔笑卜信道我們生意人家也不要這老爺們來走動没有借了多光反惹他笑了去牛浦道不是我說一个大胆的話

若不是我在你家你家就一二百年也不得有个老爺走進這屋裏來卜誠道没的扯淡就算你相與老爺你到底不是个老爺牛浦道憑你向那个說去還是坐著同老爺打躬作揖的好還是捧茶給老爺吃走錯路惹老爺笑的好卜信道不要惡心我家也不希罕這樣老爺牛浦道不希罕麽明日向董老爺說拏帖子送到蕪湖縣先打一頓板子兩个人一齊叫道反了反了外甥女壻要送舅丈人去打板子是我家養

活你這年把的不是了就和他到縣裏去講看是打那个的板子牛浦道那个怕你就和你去當下兩人把牛浦扯著扯到縣門口知縣纔發二梆不曾坐堂三人站在影壁前恰好遇著郭鐵筆走來問其所以卜誠道郭先生自古一斗米養个恩人一石米養个仇人這是我們養他的不是了郭鐵筆也著實說牛浦的不是道尊卑長幼自然之理這話却行不得但至親間見官也不雅相當下扯到茶館裏叫牛浦斟了

杯茶坐下卜誠道牛姑爺到也不是這樣說如今我家老爹去世家裡人口多我弟兄兩个招攬不來難得當著郭先生在此我們把這話說一說外甥女少不的是我們養著牛姑爺也該自已做出一个主意來只管不尷不尬住著也不是事牛浦道你為這話麼這話倒容易我從今日就搬了行李出來自已過日不纏擾你們就是了當下吃完茶勸開這一場鬧三人又謝郭鐵筆郭鐵筆別過去了卜誠卜信回家牛浦

賭氣來家拏了一床被搬在庵里來住沒的吃用把老和尚的鐃鈸叮噹都當了閒著無事去望望郭鐵筆鐵筆不在店里櫃上有人家寄的一部新縉紳賣牛浦揭開一看看見淮安府安東縣新補的知縣董瑛字彥芳浙江仁和人說道是了我何不尋他去忙走到庵里捲了被褥又把和尚的一座香爐一架磬拏去當了二兩多銀子也不到卜家告說竟搭了江船恰好遇順風一日一夜就到了南京燕子磯要搭揚州船來到一个飯店裏店主人說道今日頭船已經開了沒有船只好住一夜明日午後上船牛浦放下行李走出店門見江沿上繫著一隻大船問店主人道這隻船可開的店主人笑道這隻船你怎上的起要等个大老官來包了纔走哩說罷走了進來走堂的拏了一雙筷子兩个小菜碟又是一碟臘猪頭肉一碟子蘆蒿炒豆腐干一碗湯一大碗飯一齊搬上來牛浦問這菜和飯是怎算走堂的道飯是二厘一碗葷菜

一分素的一半牛浦把這菜和飯都吃了又走出店門只見江沿上歇着一乘轎三担行李四个長隨那轎里走出一个人來頭戴方巾身穿沈香色夾紬直裰粉底皂靴手拏白紙扇花白鬍鬚約有五十多歲光景一雙剌蝟眼兩个鸛骨腮那人走出轎來吩咐船家道我是要到揚州鹽院太老爺那里去說話的你們小心伺候我到揚州另外賞你若有一些怠慢就拏帖子送在江都縣重處船家唯唯連聲搭扶手請上

了船船家都幫着搬行李正搬得熱鬧店主人向牛浦道你快些搭去牛浦揹着行李走到船尾上船家一把把他拉了上船搖手叫他不要則聲把他安在烟篷底下坐牛浦見他們衆人把行李搬上了船長隨在艙里拏出兩淮公務的燈籠來挂在艙口叫船家把爐銚拏出來在船頭上生起火來煨了一壺茶送進艙去天色已黑點起燈籠來四个長隨都到後船來辦盤子爐子上頓酒料理停當都捧到中艙里點起

一隻紅蠟燭來牛浦偷眼在板縫里張那人時對了蠟燭桌上擺著四盤菜左手拏著酒杯右手按著一本書在那里點頭細看看了一回拏進飯去吃了少頃吹燈睡了牛浦也悄悄睡下是夜東北風緊三更時分瀟瀟颯颯的下起細雨那烟蓬蘆蓆上漏下水來牛浦翻身打滾的睡不著到五更天只聽得艙里叫道船家爲甚麽不開船船家道這大獃的頂頭風前頭就是黄天蕩昨晚一號几十隻船都灣在這里那一

个敢開少停天色大亮船家燒起臉水送進艙去長隨們都到後艙來洗臉候著他們洗完也遞過一盆水與牛浦洗了只見兩个長隨打傘上岸去了一个長隨取了一隻金華火腿在船邊上向著港里洗洗了一會那兩个長隨買了一尾時魚一隻燒鴨一方肉和些鮮笋芹菜一齊拏上船來船家量米煮飯几个長隨過來收拾這几樣肴饌整治停當裝做四大盤又盪了一壺酒捧進艙去與那人吃早飯吃過剩下的

四个長隨拏到船後板上齊坐著吃了一會吃畢打抹船板乾淨纔是船家在烟篷底下取出一碟蘿蔔干和一碗飯與牛浦吃牛浦也吃了那雨雖略止了些風却不曾住到晌午時分那人把艙後開了一扇板一眼看見牛浦問道這是甚麽人船家陪著笑臉說道這是小的們帶的一分酒資那人道你這位少年何不進艙來坐坐牛浦得不得這一聲連忙從後面鑽進艙來便向那人作揖下跪那人舉手道船艙裏窄

不必行這个禮你且坐下牛浦道不敢拜問老先生尊姓那人道我麽姓牛名瑶草字叫做玉圃我本是徽州人你姓甚麽牛浦道晚生也姓牛祖籍本來也是新安牛玉圃不等他說完便接著道你既然姓牛五百年前是一家我和你祖孫相稱罷我們徽州人稱叔祖是叔公你從今只叫我做叔公罷了牛浦聽了這話也覺愕然因見他如此體面不敢違拗因問道叔公此番到揚有甚麽公事牛玉圃道我不瞞你說我

八轎的官也不知相與過多少那個不要我到他衙門裏去我是懶出門而今在這東家萬雪齋家也不是甚麽要緊的人他圖我相與的官府多有些聲勢每年請我在這里送我幾百兩銀留我代筆代筆也只是个名色我也不奈煩住在他家那个俗地方我自在子午宮住你如今既認了我我自有用的著你處當下向船家說把他的行李拏進艙來船錢也在我這里算船家道老爺又認著了一个本家要多賞小的

們幾个酒錢哩這日晚飯就在艙里陪著牛玉圃喫到夜風住天已晴了五更鼓已到儀徵進了黃泥灘牛玉圃起來洗了臉攜著牛浦上岸走走走上岸向牛浦道他們在船上收拾飯費事這裏有个大觀樓素菜甚好我和你去喫素飯罷回頭吩咐船上道你們自料理喫早飯我們往大觀樓喫飯就來不要人跟隨了說著到了大觀樓上得樓梯只見樓上先坐著一个戴方巾的人那人見牛玉圃嚇了一跳說道原來

是老弟牛玉圃道原來是老哥兩个平磕了頭那人問此位是誰牛玉圃道這是舍姪孫向牛浦道你快過來叩見這是我二十年拜盟的老弟兄常在大衙門里共事的王義安老先生快來叩見牛浦行過了禮分賓主坐下牛浦坐在橫頭走堂的搬上飯來一碗炒麪觔一碗膾腐皮三人喫著牛玉圃道我和你還是那年在齊大老爺衙門裏相別直到而今王義安道那个齊大老爺牛玉圃道便是做九門提督的了王

義安道齊大老爺待我兩个人是沒的說的了正說得稠密忽見樓梯上又走上兩个戴方巾的秀才來前面一个穿一件繭紬直裰胷前油了一塊後面一个穿一件元色直裰兩个袖子破的晃晃蕩蕩的走了上來兩个秀才一眼看見王義安那穿繭紬的道這不是我們這里豐家巷婊子家掌櫃的烏龜王義安那穿元色的道怎麽不是他他怎麽敢戴了方巾在這里胡鬧不由分說走上去一把扯掉了他的方巾劈

臉就是一个大嘴巴打的烏龜跪在地下磕頭如搗蒜兩个秀才越發威風牛玉圃走上去扯勸被兩个秀才啐了一口說道你一个衣冠中人同這烏龜坐著一桌子喫飯你不知道罷了既知道還要來替他勸鬧連你也該死了還不快走在這里討没臉牛玉圃見這事不好悄悄拉了牛浦走下樓來會了賬急急走回去了這里兩个秀才把烏龜打了个臭死店裏人做好做歹叫他認不是兩个秀才總不肯住要送他到官落後打的烏龜急了在腰摸出三兩七錢碎銀子來送與兩位相公做好看錢纔罷了放他下去牛玉圃同牛浦上了船開到揚州一直攏了子午宮下處道士出來接著安放行李當晚睡下次日早晨拿出一頂舊方巾和一件藍紬直裰來遞與牛浦道今日要同往東家萬雪齋先生家你穿了這个衣帽去當下叫了兩乘轎子兩人坐了兩个長隨跟著一个抱著氊包一直來到河下見一个大高門樓有七八个朝

奉坐在板凳上中間夾著一个奶媽坐著說閒
話轎子到了門首兩人下轎走了進去那胡奉
都是認得的說道牛老爺回來了請在書房坐
當下走進了一个虎座的門樓過了磨磚的天
井到了廳上舉頭一看中間懸著一个大匾金
字是慎思堂三字傍邊一行兩淮鹽運使司鹽
運使荀玫書兩邊金箋對聯寫讀書好耕田好
學好便好創業難守成難知難不難中間掛著
一軸倪雲林的畫書案上擺著一大塊不曾琢

過的璞十二張花梨椅子左邊放著六尺高的
一座穿衣鏡從鏡子後邊走進去兩扇門開了
鵝卵石砌成的地衕著塘沿走一路的朱紅闌
杆走了進去三間花廳隔子中間懸著斑竹簾
有兩个小么見在那裡伺候見兩个走來揭開
簾子讓了進去舉眼一看裏面擺的都是水磨
楠木桌椅中間懸著一个白紙墨字小匾是課
花摘句四个字兩人坐下喫了茶那主人萬雪
齋方從裏面走了出來頭戴方巾手摇金扇身

穿澄鄉繭紬直裰腳下朱履出來同牛玉圃作揖牛玉圃叫過牛浦來見說道這是舍姪孫見過了老先生三人分賓主坐下牛浦坐在下面又捧出一道茶來喫了萬雪齋道玉翁爲甚麼在京耽閣這許多時牛玉圃道只爲我的名聲太大了一到京住在承恩寺就有許多人來求也有送斗方來的也有送扇子來的也有送册頁來的都要我寫字做詩還有那分了題限了韻來要求教的晝日晝夜打發不清纔打發清

了國公府裡徐二公子不知怎樣就知道小弟到了一回兩回打發管家來請他那管家都是錦衣衛指揮五品的前程到我下處來了幾次我只得到他家盤桓了幾天臨行再三不肯放我說是雪翁有要緊事等著纔勉强辭了來二公子也仰慕雪翁尊作詩稿是他親筆看的因在袖口裏拏出兩本詩來遞與萬雪齋萬雪齋接詩在手便問這一位令姪孫一向不曾會過多少尊庚了大號是甚麼牛浦答應不出來牛

玉圃道他今年纔二十歲年幼還不曾有號萬雪齋正要揭開詩本來看只見一个小厮飛跑進來稟道宋爺請到了萬雪齋起身道玉翁本該奉陪因第七个小妾有病請醫家宋仁老來看弟要去同他斟酌暫且告過你竟請在我這里寬坐用了飯坐到晚去說罷去了管家捧出四个小菜碟兩雙碗快來擡桌子擺飯牛玉圃向牛浦道他們擺飯還有一會功夫我和你且在那邊走走那邊還有許多齊整房子好看當下領著牛浦走過了一个小橋循著塘沿走望見那邊高高低低許多樓閣那塘沿略窄一路栽著十幾顆柳樹牛玉圃走著回頭過來向他說道方才主人問著你話你怎麼不答應牛浦眼瞪瞪的望著牛玉圃的臉說不覺一脚蹉了个空半截身子掉下塘去牛玉圃慌忙來扶虧有柳樹攔著拉了起來鞋襪都濕透了衣服上淋淋漓漓的半截水牛玉圃惱了沉著臉道你原來是上不的臺盤的人忙叫小厮氈包里拏

出一件衣裳來與他換了先送他回下處只因這一番有分教旁人閒話說破財主行踪小子無良弄得老生掃興不知後事如何且聽下回分解

卜氏兄弟雖做小生意之蠢人其待牛浦頗不薄何苦定要生事以侮弄之蓋牛浦初竊得一董老爺本無處可以賣弄不得不想到卜氏弟兄天下實有此等惡物一容他進門他便做出許多可惡勾當真無可奈何也

老爺二字平淡無奇之文也卜信捧茶之後三人角口乃有無數老爺字如火如花愈出愈奇正如平原君毛遂傳有無數先生字刪去一二即不成文法而大減色澤矣

牛浦乃勢利薰心卑鄙不堪之人一出門即遇見牛玉圃長隨之盛食品之豐體統之濶私心艷羨猶夫狗偷熱油又愛又怕認爲叔公固其情願覷于板縫裏偷張時早已醉心欲死矣

牛玉圃雖鄙陋不足道之徒然亦何至與烏龜拜盟此其中必有緣故夫時世遷流今非昔比旣云二十年前拜盟則二十年前之王義安尚未做烏龜可知或者義安亦是一个不安分之人江湖浮蕩當時曾與玉圃訂交彼此兄弟相稱其事已久今卒然見面未及深談而握手道故亦人情也玉圃云憶會晤在齊大老爺處而義安騁然是玉圃徒欲說大話以嚇牛浦非真記得別時情事又可知

也

牛玉圃自述兩段乃其生平得意之筆到處以之籠絡人者而不知已爲牛浦窺破他日雖無道士之閒談吾知牛浦亦必有以處玉圃何也天下惟至柔能制至剛老小二牛實有剛柔之別也

或謂王義安無故戴方巾上飯館何爲也者曰此無足怪也揚郡風俗妓院之掌櫃者非以妻妾爲生意者也總持其事而已往往

華居後結納混跡衣冠隊中是其常事不知其底里者無從而責之也兩秀才必係喫葷飯的學霸王義安素所畏服故受其打而不敢辯說耳

儒林外史第二十三回

發陰私詩人被打　歎老景寡婦尋夫

話說牛玉圃看見牛浦跌在水裏不成模樣叫小厮叫轎子先送他回去牛浦到了下處惹了一肚子的氣把嘴骨都著坐在那里坐了一會尋了一雙乾鞋襪換了道士來問可曾喫飯又不好說是没有只得說喫了足足的餓了半天牛玉圃在萬家喫酒直到更把天纔回來上樓又把牛浦數說了一頓牛浦不敢回言彼此住

下次日一天無事第三日萬家又有人來請牛玉圃吩咐牛浦看著下處自已坐轎子去了牛浦同道士喫了早飯道士道我要到舊城里木蘭院一个師兄家走走牛相公你在家里坐著罷牛浦道我在家有甚事不如也同你去頑頑當下鎖了門同道士一直進了舊城一个茶館内坐下茶館里送上一壺乾烘茶一碟透糖一碟梅豆上來喫著道士問道牛相公你這位令叔祖可是親房的一向他老人家在這里不見

你相公來牛浦道也是路上遇著叙起來聯宗的我一向在安東縣董老爺衙門里那董老爺好不好客記得我一初到他那里時候纔送了帖子進去他就連忙叫兩个差人出來請我的轎我不曾坐轎却騎的是个驢我要下驢差人不肯兩个人牽了我的驢頭一路走上去走到暖閣上走的地板格登格登的一路响董老爺已是開了宅門自己迎了出來同我手攙著手走了進去留我住了二十多天我要辭他回來

他送我十七兩四錢五分細絲銀子送我出到大堂上看著我騎上了驢口里說道你此處若是得意就罷了若不得意再來尋我這樣人眞是難得我如今還要到他那里去道士道這位老爺果然就難得了牛浦道我這東家萬雪齋老爺他是甚麼前程將來幾時有官做道士鼻子里笑了一聲道萬家句只好你令叔祖敬重他罷了若說做官只怕紗帽滿天飛飛到他頭上還有人摭了他的去哩牛浦道這又奇了他

又不是倡優隸卒為甚那紗帽飛到他頭上還有人揭了去道士道你不知道他的出身麼我說與你你却不可說出來萬家他自小是我們這河下萬有旗程家的書童自小跟在書房伴讀他主子程明卿見他聰明到十八九歲上就叫他做小司客牛浦道怎麼樣叫做小司客道士道我們這裏鹽商人家比如托一个朋友在司上行走替他會官拜客每年幾百銀子辛俸這叫做大司客若是司上有些零碎事情打發

一个家人去打聽料理這就叫做小司客了他做小司客的時候極其停當每年聚幾兩銀子先带小貨後來就弄窩子不想他時運好那幾年窩價陡長他就尋了四五萬銀子便贖了身出來買了這所房子自己行鹽生意又好就發起十幾萬來萬有旗程家已經折了本錢回徽州去了所以没人說他這件事去年萬家娶媳婦他媳婦也是个翰林的女兒萬家費了幾千兩銀子娶進來那日大吹大打執事燈籠就擺

了半街好不熱鬧到第三日親家要上門做朝家里就唱戲擺酒不想他主子程明卿清早上就一乘轎子擡了來坐在他那廳房里萬家走了出來就由不的自已跪著作了幾個揖當時兌了一萬兩銀子出來纔餬的去了不曾破相正說著木蘭院里走出兩个道士來把這道士約了去喫齋道士告別去了牛浦自已喫了幾杯茶走回下處來進了子午宮只見牛玉圃已經回來坐在樓底下桌上擺著幾封大銀子樓

門還鎖著牛玉圃見牛浦進來叫他快開了樓門把銀子搬上樓去抱怨牛浦道適纔我叫看著下處你爲甚麽街上去胡撞牛浦道適纔我站在門口遇見做縣的二公在門口過他見我就下了轎子說道許久不見要拉到船上談談故此去了一會牛玉圃見他會官就不說他不是了因問道你這位二公姓甚麽牛浦道他姓李是北直人便是這李二公也知道叔公牛玉圃道他們在官場中自然是聞我的名的牛浦

道他說也認得萬雪齋先生牛玉圃道雪齋也是交滿天下的因指著這个銀子道這就是雪齋家拏來的因他第七位如夫人有病醫生說是寒症藥里要用一个雪蝦蟆在揚州出了幾百銀子也沒處買聽見說蘇州還尋的出來他拏三百兩銀子托我去買我沒的功夫已在他跟前舉薦了你你如今去走一走罷還可以賺的幾兩銀子牛浦不敢違拗當夜牛玉圃買了一隻鷄和些酒替他餞行在樓上喫著牛浦道

方纔有一句話正要向叔公說是做縣李二公說的牛玉圃道甚麼話牛浦道萬雪齋先生算同叔公是極好的了但只是筆墨相與他家銀錢大事還不肯相托李二公說他生平有一个心腹的朋友叔公如今只要說同這个人相好他就諸事放心一切都托叔公不但叔公發財連我做姪孫的將來都有日子過牛玉圃道他心腹朋友是那一个牛浦道是徽州程明卿先生牛玉圃笑道這是我二十年拜盟的朋友我

怎麼不認的我知道了喫完了酒各自睡下次日牛浦帶著銀子告辭叔公上船往蘇州去了次日萬家又來請酒牛玉圃坐轎子去到了萬家先有兩位鹽商坐在那里一个姓顧一个姓汪相見作過了揖那兩个鹽商說都是親戚不肯僭牛玉圃的坐讓牛玉圃坐在首席喫過了茶先講了些窩子長跌的話擡上席來兩位一桌奉過酒頭一碗上的冬蟲夏草萬雪齋請諸位喫著說道像這樣東西也是外方來的我們

揚州城里偏生多一个雪蝦蟇就偏生尋不出來顧鹽商道還不會尋著麼萬雪齋道正是揚州沒有昨日纔托玉翁令姪孫到蘇州尋去了汪鹽商道這樣希奇東西蘇州也未必有只怕還要到我們徽州舊家人家尋去或者尋出來萬雪齋道這話不錯一切的東西是我們徽州出的好顧鹽商道不但東西出的好就是人物也出在我們徽州牛玉圃忽然想起問道雪翁徽州有一位程明卿先生是相好的麼萬雪齋

聽了臉就緋紅一句也答不出來牛玉圃道這是我拜盟的好弟兄前日還有書子與我說不日就要到揚州少不的要與雪翁叙一叙萬雪齋氣的兩手氷冷總是一句話也說不出來顧鹽商道玉翁自古相交滿天下知心能幾人我們今日且喫酒那些舊話不必談他罷了當晚勉强終席各自散去牛玉圃回到下處幾天不見萬家來請那日在樓上睡中覺一覺醒來長隨拏封書子上來說道這是河下萬老爺家送來的不等回書去了牛玉圃折開來看刻下儀徵王漢策舍親令堂太親母七十大壽欲求先生做壽文一篇並求大筆書寫望即命駕往伊處至囑至囑牛玉圃看了這話便叫長隨叫了一隻草上飛往儀徵去當晚上船次早到丑壩上岸在米店內問王漢策老爺家米店人說道是做埠頭的王漢家他在法雲街朝東的一个新門樓子里面住牛玉圃走到王家一直進去見三間廠廳廳中間椅子上亮著一幅一幅的

口痢裏急後重一天到晚都痢不清只得坐在
船尾上兩手抓著船板由他痢痢到三四天就
像一个活鬼身上打的又發疼大腿在船沿坐
成兩條溝只聽得艙內客人悄悄商議道這个
人料想是不好了如今還是趂他有口氣送上
去若死了就費力了那位黃客人不肯他痢到
第五天上忽然鼻子里聞見一陣菉豆香向船
家道我想口菉豆湯喫滿船人都不肯他說道
我自家要喫我死了也無怨衆人没奈何只得

攏了岸買些菉豆來煮了一碗湯與他喫過肚
里响了一陣痾出一抛大屎登時就好了扒進
艙來謝了衆人睡下安息養了兩天漸漸復元
到了安東先住在黃客人家黃客人替他買了
一頂方巾添了件把衣服一雙靴穿著去拜董
知縣董知縣果然歡喜當下留了酒飯要留在
衙門里面住牛浦道晚生有个親戚在貴治還
是住在他那裡便意些董知縣道這也罷了先
生住在令親家早晚常進來走走我好請教牛

浦辭了出來黃客人見他果然同老爺相與十分敬重牛浦三日兩日進衙門去走走借著講詩爲名順便撞兩處木鐘弄起幾个錢來黃家又把第四个女兒招他做个女婿在安東快活過日子不想董知縣就陞任去了接任的是个姓向的知縣也是浙江人交代時候向知縣問董知縣可有甚麽事托他董知縣道倒沒甚麽事只有个做詩的朋友住在貴治叫做牛布衣老寅臺清目一二足感盛情向知縣應諾了董

知縣上京去牛浦送在一百里外到第三日纔回家渾家告訴他道昨日有个人來說是你蕪湖長房舅舅路過在這里看你我留他吃了个飯去了他說下半年回來再來看你牛浦心里疑惑並沒有這个舅舅不知是那一个且等他下半年來再處董知縣一路到了京師在吏部投了文次日過堂掣籤這時馮琢菴已中了進士散了部屬寓處就在吏部門口不遠董知縣先到他寓處來拜馮主事迎著坐下敘了寒溫

董知縣只說得一句貴友牛布衣在蕪湖甘露庵里不曾說這一番交情也不曾說到安東縣會會著的一番話只見長班進來跪著稟道部里大人升堂了董知縣連忙辭別了去到部就掣了一个貴州知州的籤匆匆束裝赴任去了不曾再會馮主事馮主事過了幾時打發一个家人寄家書回去又拏出十兩銀子來問那家人道你可認得那牛布衣牛相公家家人道小的認得馮主事道這是十兩銀子你帶回去送與牛相公的夫人牛奶奶說他的丈夫現在蕪湖甘露庵里寄个的信與他不可有誤這銀子說是我帶與牛奶奶盤纏的管家領了主命回家見了主母辦理家務事畢便走到一个僻巷內一扇籬笆門關著管家走到門口只見一个小兒開門出來手里拏了一个筲箕出去買米管家向他說是京裏馮老爺差來的小兒領他進去站在客坐內小兒就走進去了又走了出來問道你有甚說話管家問那小兒道牛奶奶

是你甚麽人那小兒道是大姑娘管家把這十兩銀子遞在他手裏說道這銀子是我家老爺帶與牛奶奶盤纏的說你家牛相公現在蕪湖甘露庵內寄个的信與你免得懸望小兒請他坐著把銀子接了進去管家看見中間懸著一軸稀破的古畫兩邊貼了許多的斗方六張破丟不落的竹椅天井裡一个土臺子臺子上一架藤花藤花旁邊就是籬笆門坐了一會只見那小兒捧出一杯茶來手里又拏了一个包子

包了二錢銀子遞與他道我家大姑說有勞你這个送給你買茶喫到家拜上太太到京拜上老爺多謝說的話我知道了管家承謝過去了牛奶奶接著這个銀子心里悽惶起來說他恁大年紀只管在外頭又沒个兒女怎生是好我不如趁著這幾兩銀子走到蕪湖去尋他回來也是一場事主意已定把這兩間破房子鎖了交與隣居看守自己帶了侄子搭船一路來到蕪湖找到浮橋口甘露庵兩扇門掩著推開進

去韋駄菩薩面前香爐燭臺都没有了又走進去大殿上槅子倒的七横八豎天井里一个老道人坐著縫衣裳問著他只打手勢原來又啞又聾問他這里面可有一个牛布衣他拏手指著前頭一間屋里牛奶奶帶著侄子復身走出來見韋駄菩薩旁邊一間屋又沒有門走了進去屋里停著一具大棺材面前放著一張三隻腿的桌子歪在半邊棺材上頭的魂旛也不見了只剩了一根棍棺材貼頭上有字又被那屋上沒有瓦雨零下來把字跡都剝落了只有大明兩字第三字只得一横牛奶奶走到這里不覺心驚肉顫那寒毛根根都豎起來又走進去問那道人道牛布衣莫不是死了道人把手搖兩搖指著門外他姪子道他說姑爺不曾死又到别處去了牛奶奶又走到庵外沿街細問人都說不聽見他死一直問到吉祥寺郭鐵筆店里郭鐵筆道他麼而今到安東董老爺任上去了牛奶奶此番得著實信立意往安東去尋只

因這一番有分教錯中有錯無端更起波瀾人外求人有意做成交結不知牛奶奶會到安東去否且聽下回分解

牛浦未嘗不同安東董老爺相與後來至安東時董公未嘗不迎之致敬以有禮然在子午宮會道士時則未嘗一至安東與董公相晉接也刮刮而談謅出許多話說書中之道士不知是謊書外之閱者深知其謊行文之妙真李龍眠白描手也

想萬雪齋亦無甚布施道士處而牛玉圃時時呵奉道士又厭聽久矣茶社中一席之談固是多嘴亦是不平之鳴

牛浦之才十倍玉圃如說會見本縣二公可謂斟酌盡善之至若說會見縣尊則玉圃必不見信知牛浦斷乎無此臉面也惟有二公在不即不離之間真舌上生蓮之筆

打牛浦時只說得一句你弄的好乾坤更不必多話此又是玉圃極在行處假使細細數

說牛浦必有辭以對曰叔公曾親口說與明
卿先生是二十年拜盟弟兄而玉圃反無說
以自解矣

儒林外史第二十四回

牛浦郎婣親多訟事　鮑文卿整理舊生涯

話說牛浦招贅在安東黃姓人家黃家把門面一帶三四間屋都與他住他就把門口貼了一个帖上寫道牛布衣代做詩文那日早上正在家裏閒坐只聽得有人敲門開門讓了進來原來是蕪湖縣的一个舊鄰居這人叫做石老鼠是个有名的無賴而今却也老了牛浦見是他[illegible]嚇了一跳只得同他作揖坐下自已走進去

取茶渾家在屏風後張見迎著他告訴道這就是去年來的你長房舅舅今日又來了牛浦道他那里是我甚麼舅舅接了茶出來遞與石老鼠喫石老鼠道相公我聽見你恭喜又招了親在這里甚是得意牛浦道好幾年不會會見老爹而今在那里發財石老鼠道我也只在淮北山東各處走走而今打從你這里過路上盤纏用完了特來拜望你借幾兩銀子用用你千萬帮我一个襯牛浦道我雖則同老爹是个舊鄰

居却從來不曾通過財帛況且我又是客邊借這親家住著那里來的幾兩銀子與老爺石老鼠冷笑道你這小孩子就沒良心了想著我當初揮金如土的時節你用了我不知多少而今看見你在人家招了親留你个臉面不好就說你到回出這樣話來牛浦發了急道這是那里來的話你就揮金如土我幾時看見你金子幾時看見你的土你一个尊年人不想做些好事只要在光水頭上鑽眼騙人石老鼠道牛浦郎

你不要說嘴想著你小時做的些醜事瞞的別人可瞞的過我況且你停妻娶妻在那里騙了卜家女兒在這里又騙了黃家女兒該當何罪你不乖乖的拏出幾兩銀子來我就同你到安東縣去講牛浦跳起來道那个怕你就同你到安東縣去當下兩人揪扭出了黃家門一直來到縣門口遇著縣里兩个頭役認得牛浦慌忙上前勸住問是甚麼事石老鼠就把他小時不成人的事說騙了卜家女兒到這里又騙了黃

家女兒又冒名頂替多少混賬事牛浦道他是我們那里有名的光棍叫做石老鼠而今越發老而無恥去年走到我家我不在家里他冒認是我舅舅騙飯喫今年又憑空走來問我要銀子那有這樣無情無理的事幾个頭役道也罷牛相公他這人年紀老了雖不是親戚到底是你的一个舊鄰居想是真正沒有盤費了自古道家貧不是貧路貧貧殺人你此時有錢也不服氣拏出來給他我們衆人替你墊幾百文送

他去罷石老鼠還要爭衆頭役道這里不是你撒野的地方牛相公就同我老爺相與最好你一个尊年人不要討沒臉面喫了苦去石老鼠聽見這話方纔不敢多言了接著幾百錢謝了衆人自去牛浦也謝了衆人回家纔走得幾步只見家門口一个鄰居迎著來道牛相公你到這里說話當下拉到一个僻淨巷內告訴他道你家娘子在家同人吵哩牛浦道同誰吵鄰居道你剛纔出門隨即一乘轎子一担行李一个

堂客來到你家娘子接了進去這堂客說他就是你的前妻要你見面在那里同你家黃氏一子吵的狠娘子托我帶信呌你快些家去牛浦聽了這話就像提在冷水盆裡一般自心裏明白自然是石老鼠這老奴才把卜家的前頭娘子賈氏撮弄的來鬧了也沒奈何只得硬著胆走了來家到家門口站住脚聽一聽裡面吵鬧的不是賈氏娘子聲音是个浙江人便敲門進去和那婦人對了面彼此不認得黃氏道這便

是我家的了你看看可是你的丈夫牛奶奶問道你這位怎呌做牛布衣牛浦道我怎不是牛布衣但是我認不得你這位奶奶牛奶奶道我便是牛布衣的妻子你這廝冒了我丈夫的名字在此掛招牌分明是你把我丈夫謀害死了我怎肯同你開交牛浦道天下同名同姓也最多怎見得便是我謀害你丈夫這又出奇了牛奶奶道怎麼不是我從蕪湖縣問到甘露庵一路問來說在安東你既是冒我丈夫名字須要

還我丈夫當下哭喊起來叫跟來的侄子將牛
浦扭著牛奶奶上了轎一直喊到縣前去了正
値向知縣出門就喊了冤知縣叫補詞來當下
補了詞出差拘齊了人掛牌第三日午堂聽審
這一天知縣坐堂審的是三件第一件爲活殺
父命事告狀的是个和尚這和尚因在山中拾
柴看見人家放的許多牛內中有一條牛見這
和尚把兩眼睜睜的只望着他和尚覺得心動
走到那牛跟前那牛就兩眼拋梭的淌下淚來

和尚慌到牛跟前跪下牛伸出舌頭來舐他的
頭舐著那眼淚越發多了和尚方纔知道是他
的父親轉世因向那人家哭著求告施捨在庵
裏供養著不想被庵里鄰居牽去殺了所以來
告狀就帶施牛的這个人做干証向知縣取了
和尚口供叫上那鄰居來問鄰居道小的三四
日前是這和尚牽了這个牛來賣與小的小的
買到手就殺了和尚昨日又來向小的說這牛
是他父親變的要多賣幾兩銀子前日銀子賣

少了要來找價小的不肯他就同小的吵起來小的聽見人說這牛並不是他父親變的這和尚積年剃了光頭把鹽搽在頭上走到放牛所在見那極肥的牛他就跪在牛跟前哄出牛舌頭來舐他的頭牛但凡舐著鹽就要淌出眼水來他就說是他父親到那人家哭著求施捨施捨了來就賣錢用不是一遭了這回又拏這事告小的求老爺做主向知縣叫那施牛的人問道這牛果然是你施與他家的不曾要錢施牛的道小的白送與他不曾要一个錢向知縣道輪迴之事本屬渺茫那有這个道理況既說父親轉世不該又賣錢用這禿奴可惡極了即丟下籤來重責二十趕了出去第二件為毒殺兄命事告狀人叫做胡賴告的是醫生陳安向知縣叫上原告來問道他怎樣毒殺你哥子胡賴道小的哥子害病請了醫生陳安來看他用了一劑藥小的哥子次日就發了跑躁跳在水里淹死了這分明是他毒死的向知縣道平日有

讐無讐胡賴道沒有讐向知縣呌上陳安來問道你替胡賴的哥子治病用的是甚麽湯頭陳安道他本來是个寒症小的用的是荆防發散藥藥內放了八分細辛當時他家就有个親戚是个團臉矮子在傍多嘴說是細辛用到三分就要喫死了人本草上那有這句話落後他哥過了三四日纔跳在水裡死了與小的甚麽相干青天老爺在上就是把四百味藥藥性都查徧了也沒見那味藥是喫了該跳河的這是那

裡說起醫生行著道怎當得他這樣誣陷求老爺做主向知縣道這果然也胡說極了醫家有割股之心况且你家有病人原該看守好了為甚麽放他出去跳河與醫生何干這樣事也來告狀一齊趕了出去第三件便是牛奶奶告的狀為謀殺夫命事向知縣呌上牛奶奶去問牛奶奶悉把如此這般從浙江尋到蕪湖從蕪湖尋到安東他現掛著我丈夫招牌我丈夫不問他要問誰要向知縣道這也怎麽見得向知縣

問牛浦道牛生員你一向可認得這个人牛浦道生員豈但認不得這婦人並認不得他丈夫他忽然走到生員家要起丈夫來真是天上飛下來的一件大冤枉事向知縣向牛奶奶道眼見得這牛生員叫做牛布衣你丈夫也叫做牛布衣天下同名同姓的多他自然不知道你丈夫踪跡你到別處去尋訪你丈夫去罷牛奶奶在堂上哭哭啼啼定要求向知縣替他伸冤纏的向知縣急了說道也罷我這里差兩个衙役

把這婦人解回紹興你到本地告狀去我那里管這樣無頭官事牛生員你也請回去罷說罷便退了堂兩个解役把牛奶奶解往紹興去了自因這一件事傳的上司知道說向知縣相與做詩文的人放著人命大事都不問要把向知縣訪聞叅處按察司具揭到院這按察司姓崔是太監的姪兒蔭襲出身做到按察司這日叫幕客敘了揭帖稿取來燈下自已細看爲特叅昏庸不職之縣令以肅官方事內開安東縣知

縣向鼎許多事故自巳看了又念念了又看燈燭影裡只見一个人雙膝跪下崔按察舉眼一看原來是他門下的一个戲子叫做鮑文卿按察司道你有甚麼話起來說鮑文卿道方纔小的看見大老爺要參處的這位是安東縣向老爺這位老爹小的也不曾認得但自從七八歲學戲在師父手裡就念的是他做的曲子這老爺是个大才子大名士如今二十多年了纔做得一个知縣好不可憐如今又要因這事參處了況他這件事也還是敬重斯文的意思不知可以求得大老爺免了他的參處罷按察司道不想你這一个人倒有愛惜才人的念頭你倒有這个意思難道我倒不肯只是如今免了他這一个革職他却不知道是你救他我如今將這些緣故寫一个書子把你送到他衙門裡去叫他謝你幾百兩銀子回家做个本錢鮑文卿磕頭謝了按察司吩咐書房小廝去向幕賓說這安東縣不要參了過了幾日果然差一个衙

役拏著書子把鮑文卿送到安東縣向知縣把
書子拆開一看大驚忙叫快開宅門請這位鮑
相公進來向知縣便迎了出去鮑文卿青衣小
帽走進宅門雙膝跪下便叩老爺的頭跪在地
下請老爺的安向知縣雙手來扶要同他叙禮
他道小的何等人敢與老爺施禮向知縣道你
是上司衙門裡的人况且與我有恩怎麼拘這
个禮快請起來好讓我拜謝他再三不肯向知
縣拉他坐他斷然不敢坐向知縣急了說崔大

老爺送了你來我若這般待你崔大老爺知道
不便鮑文卿道雖是老爺要格外擡舉小的但
這个關係朝廷體統小的斷然不敢立著垂手
回了幾句話退到廊下去了向知縣托家裡親
戚出來陪他也斷不敢當落後叫管家出來陪
他纔歡喜了坐在管家房里有說有笑次日向
知縣備了席擺在書房里自已出來陪斟酒來
奉他跪在地下斷不敢接酒叫他坐也到底不
坐向知縣没奈何只得把酒席發了下去叫管

家陪他喫了他還上來謝賞向知縣寫了謝按察司的禀帖封了五百兩銀子謝他他一厘也不敢受說道這是朝廷頒與老爺們的俸銀小的乃是賤人怎敢用朝廷的銀子小的若領了這項銀子去養家口一定折死小的大老爺天恩留小的一條狗命向知縣見他說道這田地不好强他因把他這些話又寫了一个禀帖禀按察司又留他住了幾天差人送他回京按察司聽見這些話說他是个獃子也就罷了又過

了幾時按察司陞了京堂把他帶進京去不想一進了京按察司就病故了鮑文卿在京沒有靠山他本是南京人只得收拾行李回南京來這南京乃是太祖皇帝建都的所在裡城門十三外城門十八穿城四十里沿城一轉足有一百二十多里城裡幾十條大街幾百條小巷都是人烟湊集金粉樓臺城裏一道河東水關到西水關足有十里便是秦淮河水滿的時候畫船簫鼓晝夜不絕城裏城外琳宮梵宇碧瓦朱

甍在六朝時是四百八十寺到如今何止四千八百寺大街小巷合共起來大小酒樓有六七百座茶社有一千餘處不論你走到一个僻巷里面總有一个地方懸著燈籠賣茶插著時鮮花朶烹著上好的雨水茶社裡坐滿了喫茶的人到晚來兩邊酒樓上明角燈每條街上足有數千盞照耀如同白日走路人並不帶燈籠那秦淮到了有月色的時候越是夜色已深更有那細吹細唱的船來淒清委婉動人心魄兩邊

河房裡住家的女郎穿了輕紗衣服頭上簪了茉莉花一齊捲起湘簾憑欄靜聽所以燈船鼓聲一响兩邊簾捲窻開河房里焚的龍涎沉速香霧一齊噴出來和河里的月色烟光合成一片望著如閬苑仙人瑤宮仙女還有那十六樓官妓新粧袨服招接四方遊客真乃朝朝寒食夜夜元宵這鮑文卿住在水西門水西門與聚寶門相近這聚寶門當年說每日進來有百牛千猪萬担糧到這時候何止一千个牛一萬个

猪粮食更無其數鮑文卿進了水西門到家和妻子見了他家本是幾代的戲行如今仍舊做這戲行營業他這戲行裡淮清橋是三个總寓一个老郎庵水西門是一个總寓一个老郎庵總寓內都掛著一班一班的戲子牌凡要定戲先幾日要在牌上寫一个日子鮑文卿却是水西門總寓掛牌他戲行規矩最大但凡本行中有不公不法的事一齊上了庵燒過香坐在總寓那理品出不是來要打就打要罰就罰一个

字也不敢拗的還有洪武年間起首的班子一班十幾个人每班立一座石碑在老郎庵裡十幾个人共刻在一座碑上比如有祖宗的名字在這碑上的子孫出來學戲就是世家子弟畧有幾歲年紀就稱爲老道長凡遇本行公事都向老道長說了方纔敢行鮑文卿的祖父的名字都在那第一座碑上他到家料理了些柴米就把家裡笙簫管笛三弦琵琶都查點了出來也有斷了弦也有壞了皮的一總塵灰寸壅他

查出來放在那里到總寓傍邊茶館內去會會同行纔走進茶館只見一个人坐在那裡頭戴高帽身穿寶藍緞直裰脚下粉底皂靴獨自坐在那里喫茶鮑文卿近前一看原是他同班唱老生的錢麻子錢麻子見了他來說道文卿你從幾時回來的請坐喫茶鮑文卿道我方纔遠遠看見你只疑惑是那一位翰林科道老爺錯走到我這裡來喫茶原來就是你這老屁精當下坐了喫茶錢麻子道文卿你在京里走了一回見過幾个做官的回家就拏翰林科道來嚇我了鮑文卿道兄弟不是這樣說像這衣服靴子不是我們行事的人可以穿得的你穿這樣衣裳叫那讀書的人穿甚麼錢麻子道而今事那是二十年前的講究了南京這些鄉紳人家壽誕或是喜事我們只拏一副蠟燭去他就要留我們坐著一桌喫飯憑他甚麼大官他也只坐在下面若遇同席有幾个學裡酸子我眼角裡還不曾看見他哩鮑文卿道兄弟你說這樣

不安本分的話豈但來生還做戲子連變驢變馬都是該的錢麻子笑著打了他一下茶館裡拏上点心來喫喫著只見外面又走進一个人來頭戴浩然巾身穿醬色紬直裰脚下粉底皂靴手執龍頭拐杖走了進來錢麻子道黃老爹到這里來喫茶黃老爹道我道是誰原來是你們二位到跟前纔認得怪不得我今年已八十二歲了眼睛該花了文卿你幾時來的鮑文卿道到家不多幾日還不曾來看老爹日子好過

的快相別已十四年記得我出門那日還在國公府徐老爺裡面看著老爺妝了一齣茶博士纔走的老爹而今可在班裡了黃老爹搖手道我久已不做戲子了坐下添点心來喫向錢麻子道前日南門外張舉人家請我同你去下棋你怎麽不到錢麻子道那日我班裡有生意明日是鼓樓外薛鄉紳小生日定了我徒弟的戲我和你明日要去拜壽鮑文卿道那个薛鄉紳黃老爹道他是做過福建汀州知府和我同年

今年八十二歲朝廷請他做鄉飲大賓了鮑文卿道像老爹拄著拐杖緩步細摇依我說這鄉飲大賓就該是老爹做又道錢兄弟你看老爹這个體統豈止像知府告老回家就是尚書侍郎回來也不過像老爹這个排場罷了那老畜生不曉的這話是笑他反忻忻得意當下喫完了茶各自散了鮑文卿雖則因這些事看不上眼自已却還要尋幾个孩子起个小班子因在城裡到處尋人說話那日走到鼓樓坡上遇著

一个人有分教邂逅相逢舊交更深氣色婚姻有分子弟亦被恩光畢竟不知鮑文卿遇的是个甚麼人且聽下回分解

此篇前半結過牛浦郎遞入鮑文卿傳命案三件其情節荒唐畧同兩處一實襯托妙無痕跡寫向知縣是个通才却不費筆墨只用一兩句點逗大畧又從鮑文卿口中傳述行文深得避實擊虛之妙

鮑文卿之做戲子乃其祖父相傳之世業文

卿溷跡戲行中而矯矯自好不媿其爲端人正士雖做戲子庸何傷天下何嘗不有士大夫而身爲戲子之所爲者則名儒而實戲也今文卿居然一戲子而實不愧於士大夫之列則名戲而實儒也南華云吾將爲名乎名者實之賓也吾將爲賓乎

書中如揚州如西湖如南京皆名勝之最定當用特筆提出描寫作者用意已囊括荆楚歲時東京夢華諸筆法故令閱者讀之飄然

神往不知其何以移我情也

優伶賤輩不敢等于士大夫分宜爾也乃輓近之士大夫往往于歌酒場中輙拉此輩同起同坐以爲雅趣也脫俗也而此輩久而習慣竟以爲分內事有不如是者即目以爲不在行一二寒士在坐不惜多方以揶揄之彼富貴中人方且相視而笑恬然不怪嗚呼其識見真出文卿下也

儒林外史第二十四回

儒林外史第二十四回

鮑文卿南京遇舊　倪廷璽安慶招親

話說鮑文卿到城北去尋人覓孩子學戲走到鼓樓坡上他纔上坡遇着一个人下坡鮑文卿看那人時頭戴破氊帽身穿一件破黑紬直裰脚下一雙爛紅鞋花白鬍鬚約有六十多歲光景手裡拏着一張破琴琴上貼着一條白紙紙上寫着四个字道修補樂器鮑文卿趕上幾步向他拱手道老爹是會修補樂器的麽那人道

正是鮑文卿道如此屈老爹在茶舘坐坐當下兩人進了茶舘坐下拿了一壺茶來喫着鮑文卿道老爹尊姓那人道賤姓倪鮑文卿道尊府在那里那人道遠哩舍下在三牌樓鮑文卿道倪老爹你這修補樂器三弦琵琶都可以修得麽倪老爹道都可以修得的鮑文卿道在下姓鮑舍下住在水西門原是梨園行業因家裡有幾件樂器壞了要借重老爹修一修如今不知是屈老爹到舍下去修好還是送到老爹府上

去修倪老爹道長兄你共有幾件樂器鮑文卿道只怕也有七八件倪老爹道有七八件就不好拿來還是我到你府上來修罷也不過一兩日功夫我只擾你一頓早飯晚里還回來家鮑文卿道這就好了只是茶水不周老爹休要見怪又道幾時可以屈老爹去倪老爹道明日不得閑後日來罷當下說定了門口挑了一担茯苓糕來鮑文卿買了半斤同倪老爹喫了彼此告别鮑文卿道後日清晨專候老爹倪老爹應

諾去了鮑文卿回來和渾家說下把樂器都揩抹淨了搬出來擺在客座裡到那日清晨倪老爹來了喫過茶點心拏這樂器修補修了一回家里兩个學戲的孩子捧出一頓素飯來鮑文卿陪着倪老爹喫了到下午時候鮑文卿出門回來向倪老爹道却是怠慢老爹的緊家里沒个好菜蔬不恭我而今約老爹去酒樓上坐坐這樂器丢着明日再補罷倪老爹道爲甚麼又要取擾當下兩人走出來到一个酒樓上揀了

一个僻淨座頭坐下堂官過來問可曾有客倪老爹道沒有客了你這裡有些甚麽菜走堂的叠着指頭數道肘子句鴨子句黃悶魚句醉白魚句雜膾句單鷄句白切肚子句生爛肉句京爛肉句爛肉片句煎肉圓句悶青魚句煑鰱頭句還有便碟白切肉倪老爹道長兄我們自已人喫个便碟罷鮑文卿道便碟不恭因叫堂管先拏賣鴨子來喫酒再爛肉片帶飯來堂管應下去了須臾捧着一賣鴨子兩壺酒上來鮑文

卿起身斟倪老爹一盃坐下喫酒因問倪老爹道我看老爹像个斯文人因甚做這修補樂器的事那倪老爹歎一口氣道長兄告訴不得你我從二十歲上進學到而今做了三十七年的秀才就壞在讀了這幾句死書拏不得輕負不的重一日窮似一日兒女又多只得借這手藝餬口原是沒奈何的事鮑文卿驚道原來老爹是學校中人我大胆的狠了請問老爹幾位相公老太太可是齊眉倪老爹道老妻還在從前

倒有六个小兒而今說不得了鮑文卿道這是甚麼原故倪老爹說到此處不覺悽然垂下淚來鮑文卿又斟一杯酒遞與倪老爹說道老爹你有甚心事不妨和在下說我或者可以替你分憂倪老爹道這話不說罷說了反要惹你長兒笑鮑文卿道我是何等之人敢笑老爹老爹只管說倪老爹道不瞞你說我是六个兒子死了一个而今只得第六个小兒子在家里那四个說着又忍着不說了鮑文卿道那四个怎的

倪老爹被他問急了說道長兄你不是外人料想也不笑我我不瞞你說那四个兒子我都因没有的喫用把他們賣在他州外府去了鮑文卿聽見這句話忍不住的眼里流下淚來說道這是个可憐了倪老爹垂淚道豈但那四个賣了這一个小的將來也留不住也要賣與人去鮑文卿道老爹你和你家老太太怎的捨得倪老爹道只因衣食欠缺留他在家跟着餓死不如放他一條生路鮑文卿着實傷感了一會說

道這件事我到有个商議只是不好在老爹跟前說倪老爹道長兄你有甚麼話只管說有何妨鮑文卿正待要說又忍住道不說罷這話說了恐怕惹老爹怪倪老爹道豈有此理任憑你說甚麼我怎肯怪你鮑文卿道我大胆說了罷倪老爹道你說你說鮑文卿道老爹比如你要把這小相公賣與人若是賣到他州別府就和那幾个相公一樣不見面了如今我在下四十多歲生平只得一个女兒並不曾有个兒子你

老人家若肯不棄賤行把這小令郎過繼與我我照樣送過二十兩銀子與老爹我撫養他成人平日逢時遇節可以到老爹家裡來後來老爹事體好了依舊把他送還老爹這可以使得的麼倪老爹道若得如此就是我的小兒子恩星照命我有甚麼不肯但是既過繼與你累你撫養我那里還收得你的銀子鮑文卿道說那里話我一定送過二十兩銀子來說罷彼此又喫了一回會了賬出得店門趂天色未黑倪老

爹回家去了鮑文卿回來把這話向乃眷說了一遍乃眷也歡喜次日倪老爹清早來補樂器會着鮑文卿說昨日商議的話我回去和老妻說老妻也甚是感激如今一言爲定擇个好日就帶小兒來過繼便了鮑文卿大喜自此兩人呼爲親家過了幾日鮑家備了一席酒請倪老爹倪老爹帶了兒子來寫立過繼文書憑着左鄰開絨線店張國重右鄰開香蠟店王羽秋兩个鄰居都到了那文書上寫道立過繼文書倪

霜峯今將第六子倪廷璽年方一十六歲因日食無措夫妻商議情愿出繼與鮑文卿名下爲義子改名鮑廷璽此後成人婚娶俱係鮑文卿撫養立嗣承祧兩無異說如有天年不測各聽天命今欲有憑立此過繼文書永遠存照嘉靖十六年十月初一日立過繼文書倪霜峯憑中鄰張國重王羽秋都畫了押鮑文卿拿出二十兩銀子來付與倪老爹去了鮑文卿又謝了衆人自此兩家來往不絕這倪廷璽改名鮑廷璽

也是聰明伶俐鮑文卿因他是正經人家兒子
不肯叫他學戲送他讀了兩年書帮着當家管
班到十八歲上倪老爹去世了鮑文卿又拿出
幾十兩銀子來替他料理後事自己去一連哭
了幾場依舊叫兒子去披麻戴孝送倪老爹入
土自此以後鮑廷璽着實得力他娘說他是螟
蛉之子不疼他只疼的是女兒女壻鮑文卿說
他是正經人家兒女比親生的還疼些每日喫
茶喫酒都帶着他在外攬生意都同着他讓他

賺幾个錢添衣帽鞋襪又心裡筭計要替他娶
个媳婦那日早上正要帶着鮑廷璽出門只見
門口一个人騎了一匹騾子到門口下了騾子
進來鮑文卿認得是天長縣杜老爺的管家姓
邵的便道邵大爺你幾時過江來的邵管家道
特過江來尋鮑師父鮑文卿同他作了揖叫兒
子也作了揖請他坐下拿水來洗臉拿茶來喫
喫着問道我記得你家老太太該在這年把正
七十歲想是過來定戲的你家大老爺在府安

鄒管家笑道正是為此老爺吩咐要定二十本戲鮑師父你家可有班子若有就接了你的班子過去鮑文卿道我家現有一个小班自然該去伺候只不知要幾時動身鄒管家道就在出月動身說罷鄒管家叫跟隨的人把行李搬了進來騾子打發回去鄒管家在被套內取出一封銀子來遞與鮑文卿道這是五十兩定銀鮑師父你且收了其餘的領班子過去再付卿文收了銀子當晚整治酒席大盤大碗留鄒管家喫了半夜次日鄒管家上街去買東西買了四五天僱頭口先過江去了鮑文卿也就收拾帶着鮑文璽領了班子到天長杜府去做戲做了四十多天回來足足賺了一百幾十兩銀子父子兩个一路感杜府的恩德不盡那一班十幾个小戲子也是杜府老太太每人另外賞他一件棉襖一雙鞋襪各家父母知道也着實感恩又來謝了鮑文卿鮑文卿仍舊領了班子在南京城裡做戲那一日在上河去做夜戲五更天

散了戲戲子和箱都先進城來了他父子兩个在上河澡堂子裡洗了一个澡喫了些茶點心慢慢走回來到了家門口鮑文卿道我們不必攏家了內橋有个人家定了明日的戲我和你趂早去把他的銀子秤來當下鮑廷璽跟着兩个人走到坊口只見對面來了一把黃傘兩對紅黑帽一柄遮陽一頂大轎知道是外府官過父子兩个站在房簷下看讓那傘和紅黑帽過去了遮陽到了跟前上寫着安慶府正堂鮑文

卿正仰臉看着遮陽轎子已到那轎子裡面的官看見鮑文卿喫了一驚鮑文卿回過臉來看那官時原來便是安東縣向老爺他原來陞了轎子纔過去那官叫跟轎的青衣人到轎前說了幾句話那青衣人飛跑到鮑文卿跟前問道太老爺問你可是鮑師父麼鮑文卿道我便是太老爺可是做過安東縣陞了來的那人道是太爺公館在貢院門口張家河房裡請鮑師父在那裡去相會說罷飛跑趕着轎子去了鮑文

卿領着兒子走到貢院前香蠟店裡買了一个手本上寫門下鮑文卿叩走到張家河房門口知道向太爺已經回寓了把手本遞與管門的說道有勞大爺稟聲我是鮑文卿來叩見太老爺門上人接了手本說道你且伺候着鮑文卿同兒子坐在板櫈上坐了一會裡面打發小廝出來問道門上的太爺問有个鮑文卿可曾來門上人道來了有手本在這裡慌忙傳進手本去只聽得裡面道快請鮑文卿叫兒子在外面

候着自己跟了管門的進去進到河房來向知府已是紗帽便服迎了出來笑着說道我的老友到了鮑文卿跪下磕頭請安向知府雙手扶住說道老友你若只管這樣拘禮我們就難相與了再三再四拉他坐他又跪下告了坐方敢在底下一个櫈子上坐了向知府坐下說道文卿自同你別後不覺已是十餘年我如今老了你的鬍子却也白了許多鮑文卿立起來道太老爺高陞小的多不知道不曾叩得大喜向知

府道請坐下我告訴你我在安東做了兩年又到四川做了一任知州轉了個二府今年纔陞到這里你自從崔大人死後回家來做些什麼事鮑文卿道小的本是戲子出身回家沒有甚事依舊教壹小班子過日向知府道你方纔同走的那少年是誰鮑文卿道那就是小的兒子帶在公館門口不敢進來向知府道為甚麼不進來叫人快出去請鮑相公進來當下一个小廝領了鮑廷璽進來他父親叫他磕太老爺的頭向知府親手扶起問你今年十幾歲了鮑廷璽道小的今年十七歲了向知府道好个氣質像正經人家的兒女叫他坐在他父親傍邊向知府道文卿你這令郎也學戲行的營業麼鮑文卿道小的不曾教他學戲他念了兩年書而今跟在班裡記賬向知府道這个也好我如今還要到各上司衙門走走你不要去同令郎在我這里喫了飯我回來還有話替你說說罷換了衣服起身上轎去了鮑文卿同兒子走到管

家們房裡管宅門的王老爹本來認得彼此作了揖叫兒子也作了揖看見王老爹的兒子小王已經長到三十多歲滿嘴有鬍子了王老爹極其歡喜鮑文卿拿出一个大紅縐子釘金線的鈔袋來裡頭裝着一錠銀子送與他鮑廷璽作揖謝了坐着說些閑話喫過了飯向知府直到下午纔回來換去了大衣服仍舊坐在河房裡請鮑文卿父子兩个進來坐下說道我明日就要回衙門去不得和你細談因叫小厮在房

裡取出一封銀子來遞與他道這是二十兩銀子你且收着我去之後你在家收拾收拾把班子托與人領着你在半个月內同令郎到我衙門裡來我還有話和你說鮑文卿接着銀子謝了太老爺的賞說道小的總在半個月內領了兒子到太老爺衙門裡來請安當下又留他喫了酒鮑文卿同兒子回家歇息次早又到公館裡去送了向太爺的行回家同渾家商議把班子暫托與他女婿歸姑爺同教師金次福領着

他自已收拾行李衣服又買了幾件南京的人事頭繩肥皂之類帶與衙門裡各位管家又過了幾日在水西門搭船到了池口只見又有兩个人搭船艙內坐着彼此談及鮑文卿說要到向太爺衙門裡去的那兩人就是安慶府裡的書辦一路就奉承鮑家父子兩个買酒買肉請他喫着晚上候别的客人睡着了便悄悄向鮑文卿說有一件事只求太爺批一个准字就可以送你二伯兩銀子又有一件事縣裡詳上來

只求太爺駁下去這件事竟可以送三百兩你鮑太爺在我門太老爺跟前懇个情罷鮑文卿道不瞞二位老爹說我是个老戲子乃下賤之人蒙太老爺擡舉叫到衙門裡來我是何等之人敢在太老爺跟前說情那兩个書辦道鮑太爺你疑惑我這話是說慌麼只要你肯說這情上岸先兌五百兩銀子與你鮑文卿笑道我若是歡喜銀子當年在安東縣曾賞過我五百兩銀子我不敢受自已知道是个窮命須是骨頭

裡掙出來的錢纔做得肉我怎肯瞞着太老爺拿這項錢況且他若有理斷不肯拿出幾百兩銀人來尋情若是准了這一邊的情就要叫那邊受屈豈不喪了陰德依我的意思不但我不敢管連二位老爹也不必管他自古道公門裡好修行你們伏侍太老爺凡事不可壞了太老爺清名也要各人保着自己的身家性命幾句說的兩个書辦毛骨悚然一塲沒趣扯了一个淡罷了次日早辰到了安慶宅門上投進手本

去向知府叫將他父子兩人行李搬在書房裡面住每日同自己親戚一桌喫飯又拿出許多紬和布來替他父子兩个裡裡外外做衣裳一日向知府走來書房坐着問道文卿你令郎可曾做過親事麼鮑文卿道小的是窮人這件事還做不起向知府道我倒有一句話若說出來恐怕得罪你這事你若肯相就倒了我一个心願鮑文卿道太老爺有甚麼話吩咐小的怎敢不依向知府道就是我家總管姓王的他有一

个小女兒生得甚是乖巧老妻着實疼愛他帶在房裡梳頭裹脚都是老妻親手打扮今年十七歲了和你令郎是同年這姓王的在我家已經三代我把投身紙都查了賞他已不算我家的管家了他兒子小王我又替他買了一个部裡書辦名字五年考滿便選一个典史雜職你若不棄嫌便把這令郎招給他做个女婿將來這做官的便是你令郎的阿舅了這个你可肯麼鮑文卿道太老爺莫大之恩小的知感不盡

只是小的兒子不知人事不知王老爹可肯要他做女婿向知府道我替他說了他極歡喜你令郎的這事不要你費一个錢你只明日拿一个帖子同姓王的拜一拜一切床帳被褥衣服首飾酒席之費都是我備辦齊了替他兩口子完成好事你只做个現成公公罷了鮑文卿跪下謝太老爺向知府雙手扶起來說道這是甚麼要緊的事將來我還要為你的情哩次日鮑文卿拿了帖子拜王老爹王老爹也回拜了到

晚上三更時分忽然撫院一个差官一匹馬同了一位二府擡了轎子一直走上堂來叫請向太爺出來滿衙門的人都慌了說道不好了來摘印了只因這一番有分教榮華富貴享受不過片時潦倒摧頹波瀾又興多少不知這來的官果然摘印與否且聽下回分解

自科舉之法行天下人無不銳意求取科名其實千百人求之其得手者不過一二人不得手者不稂不莠既不能力田又不能商賈坐食山空不至於賣兒鬻女者幾希矣倪霜峯云可恨當年誤讀了幾句死書死書二字奇妙得未曾有不但可爲救時之良藥亦可爲醒世之晨鐘也

向太守之謙光鮑文卿之卑下可謂賢主嘉賓矣寫太守之愛文卿父子出於中心之誠而文卿父子一種感激不望報之心又歷歷如見詩云中心藏之何日忘之太守有焉易云謙謙君子卑以自牧文卿有焉

儒林外史第二十六回

向觀察陞官哭友　鮑文璽喪父娶妻

話說向知府聽見摘印官來忙將刑名錢穀相公都請到跟前說道諸位先生將房裡各樣稿案查點查點務必要查細些不可遺漏了事說罷開了宅門匆匆出去了出去會見那二府拿出一張牌票來看了附耳低言了幾句二府上轎去了差官還在外候着向太守進來親戚和鮑文卿一齊都迎着問向知府道沒甚事不相

干是寧國府知府壞了委我去摘印當下料理馬夫連夜同差官往寧國去了衙門裡打首飾縫衣服做床帳被褥糊房打點王家女兒招女婿忙了幾日向知府回來了擇定十月十三大吉之期衙門外傳了一班鼓手兩个儐相進來鮑文璽插着花披着紅身穿細緞衣服腳下粉底皂靴先拜了父親吹打着迎過那邊去拜了丈人丈母小王穿着補服出來陪妹婿喫過三遍茶請進洞房裡和新娘交拜合巹不必細說

次日清早出來拜見老爺夫人夫人另外賞了八件首飾兩套衣服衙裡擺了三天喜酒無一个人不喫到滿月之後小王又要進京去選官鮑文卿備酒替小親家餞行鮑廷璽親自送向舅上船送了一天路纔回來自此以後鮑廷璽在衙門裡只如在雲端裡過日子看看過了新年開了印各縣送童生來府考向知府要下察院考童生向鮑文卿父子兩个道我要下察院去考童生這些小厮們若帶去巡視他們就要

作弊你父子兩个是我心腹人替我去照顧幾天鮑文卿領了命父子兩个在察院裡巡場查號安慶七學共考三場見那些童生也有代筆的也有傳遞的大家丟紙團掠磚頭擠眉弄眼無所不為到了搶粉湯包子的伺候大家推成一團跌成一塊鮑廷璽看不上眼有一个童生推着出恭走到察院土墻跟前把土墻挖个洞伸手要到外頭去接文章被鮑廷璽看見要採他過來見太爺鮑文卿攔住道這是我小兒不

知世事相公你一個正經讀書人快歸號裡去做文章倘若太爺看見了就不便了忙拾起些土來把那洞補好把那个童生送進號去考事已畢發出案來懷寧縣的案首叫做季萑他父親是个武兩榜同向知府是文武同年在家候選守備發案過了幾日季守備進來拜謝向知府設席相留席擺在書房裡叫鮑文卿同着出來坐坐當下季守備首席向知府主位鮑文卿坐在橫頭季守備道老公祖這一番考試至公至明合府無人不服向知府道年先生這看文字的事我也荒疎了到是前日考塲裡虧我這鮑朋友在彼巡塲還不曾有甚麼弊竇此時季守備纔曉得這人姓鮑後來漸漸說到他是一个老梨園脚色季守備臉上不覺就有些怪物相向知府道而今的人可謂江河日下這些中進士做翰林的和他說到傳道窮經他便說迂而無當和他說到通今博古他便說雜而不精究竟事君交友的所在全然看不如我這

鮑朋友他雖生意是賤業倒頗〻多君子之行因將他生平的好處說了一番季守備也就肅然起敬酒罷辭了出來過三四日倒把鮑文卿請到他家裡喫了一餐酒考案首的兒子季萑也出來陪坐鮑文卿見他是一个美貌少年便問少爺尊號季守備道他號叫做葦蕭當下喫完了酒鮑文卿辭了回來向向知府着實稱贊這季少爺好个相貌將來不可限量又過了幾个月那王家女兒懷着身子要分娩不想養不下來死了鮑文卿父子兩个慟哭向太守到反

勸道也罷這是他各人的壽數你們不必悲傷了你小小年紀我將來少不的再替你娶个媳婦你們若只管哭時惹得夫人心裡越發不好過了鮑文卿也吩咐兒子叫不要只管哭但他自己也添了个痰火疾不時舉動動不動就要咳嗽半夜意思要辭了向太爺回家去又不敢說出來恰好向太爺陞了福建汀漳道鮑文卿向向太守道太老爺又恭喜高陞小的本該跟

隨太老爺去怎奈小的老了又得了病在身上小的而今叩辭了太老爺囘南京去丟下兒子跟着太老爺伏侍罷向太守道老友這樣遠路路上又不好走你年紀老了我也不肯拉你去你的兒子你留在身邊奉侍你我帶他去做甚麽我如今就要進京陛見我先送你囘南京去我自有道理次日封出一千兩銀子叫小厮捧着拿到書房裡來說道文卿你在我這裡一年多並不曾見你說過半个字的人情我替你娶个媳婦又没命死了我心裡着實過意不去而今這一千兩銀子送與你你拿囘家去置些產業娶一房媳婦養老送終我若做官再到南京來再接你相會鮑文卿又不肯受向道臺道而今不比當初了我做府道的人不窮在這一千兩銀子你若不受把我當做甚麽人鮑文卿不敢違拗方纔磕頭謝了向道臺吩咐了一隻大船備酒替他餞行自已送出宅門鮑文卿同兒子跪在地下洒淚告辭向道臺也揮淚和他

分手鮑文卿父子兩个帶着銀子一路來到南京到家告訴渾家向太老爺這些恩德舉家感激鮑文卿扶着病出去尋人把這銀子買了一所房子兩副行頭租與兩个戲班子穿着剩下的家裡盤纏又過了幾个月鮑文卿的病漸漸重了臥床不起自己知道不好了那日把渾家兒子女兒女婿都叫在跟前吩咐他們同心同意好好過日子不必等我滿服就娶一房媳婦進來要緊說罷瞑目而逝闔家慟哭料理後事把棺材就停在房子中間開了幾日喪四个總寓的戲子都來弔孝鮑廷璽又尋陰陽先生尋了一塊地擇个日子出殯只是沒人題銘旌正在躊躇只見一个青衣人飛跑來了問道這裡可是鮑老爹家鮑廷璽道便是你是那裡來的那人道福建汀漳道向太老爺來了轎子已到了門前鮑廷璽慌忙換了孝服穿上青衣到大門外去跪接向道臺下了轎看見門上貼着白

問道你父親已是死了鮑廷璽哭着應道小的

父親死了向道臺道沒了幾時了鮑廷璽道明日就是四七向道臺道我陞見回來從這裡過正要會會你父親不想已做故人你引我到柩前去鮑廷璽哭着跪辭向道臺不肯一直走到柩前叫着老友文卿慟哭了一塲上了一炷香作了四个揖鮑廷璽的母親也出來拜謝了向道臺出到廳上問道你父親幾時出殯鮑廷璽道擇在出月初八日向道臺道誰人題的銘旌鮑廷璽道小的和人商議說銘旌上不好寫向

道臺道有甚麽不好寫取紙筆過來當下鮑廷璽送上紙筆向道臺取筆在手寫道皇明義民鮑文卿享年五十有九之柩賜進士出身中憲大夫福建汀漳道老友向鼎頓首拜題寫完遞與他道你就照着這个送到亭彩店內去做又說道我明早就要開船了還有些少助喪之費今晚送來與你說罷喫了一杯茶上轎去了鮑廷璽隨即跟到船上叩謝過了太老爺回來晚上向道臺又打發一个管家拿着一百兩銀子

送到鮑家那管家茶也不曾吃匆匆回船去了這裡到出月初八日做了銘旌吹手亭彩和尚道士歌郎替鮑老爹出殯一直出到南門外同行的人都出來送殯在南門外酒樓上擺了幾十桌齋喪事已畢過了半年有餘一日金次福走來請鮑老太說話鮑廷璽就請了在堂屋裡坐着進去和母親說了鮑老太走了出來說道金師父許久不見今日甚麼風吹到此金次福道正是好久不曾來看老太老太在家享福你

那行頭而今換了班子穿着了老太道因為班子在城裡做戲生意行得細如今換了一个文元班內中一半也是我家的徒弟在盱眙天長這一帶走他那裡鄉紳財主多還賺的幾个大錢金次福道這樣你老人家更要發財了當下喫了一杯茶金次福道我今日有一頭親事來作成你家廷璽娶過來到又可以發个大財鮑老太道是那一家的女兒金次福道這人是內橋胡家的女兒胡家是布政使司的衙門起初

把他嫁了安豐典管當的王三胖不到一年光
景王三胖就死了這堂客纔得二十一歲出奇
的人才就上畫也是畫不就的因他年紀小又
沒兒女所以娘家主張着嫁人這王三胖丟給
他足有上千的東西大床一張涼床一張四箱
四櫥箱子裡的衣裳盛的滿滿的手也插不下
去金手鐲有兩三付赤金冠子兩頂真珠寶石
不計其數還有兩个丫頭一个叫做荷花一个
叫做採蓮都跟着嫁了來你若娶了他與廷璽

他兩人年貌也還相合這是極好的事一番話
說得老太滿心歡喜向他說道金師夫費你的
心我還要托我家姑爺出去訪訪的確了來
尋你老人家做媒金次福道這是不要訪的也
罷訪訪也好我再來討回信說罷去了鮑廷璽
送他出去到晚他家姓歸的姑爺走來老太一
五一十把這些話告訴他托他出去訪歸姑爺
又問老太要了幾十个錢帶着明日早上去喫
茶次日走到一个做媒的沈天孚家沈天孚的

老婆也是一个媒婆有名的沈大脚歸姑爺到沈天孚家拉出沈天孚來在茶館裡喫茶就問起這頭親事沈天孚道哦你問的是胡七喇子麼他的故事長着哩你買幾个燒餅來等我喫飽了和你說歸姑爺走到隔壁買了八个燒餅拿進茶館來同他喫着說道你說這故事罷沈天孚道慢些待我喫完了說當下把燒餅喫完了說道你問這个人怎的莫不是那家要娶他這个堂客是娶不得的若娶進門就要一把天

火歸姑爺道這是怎的沈天孚道他原是跟布政使司胡偏頭的女兒偏頭死了他跟着哥們過日子他哥不成人賭錢喫酒把布政使的缺都賣掉了因他有幾分顏色從十七歲上就賣與北門橋來家做小他做小不安本分人叫他新娘他就要罵要人稱呼他是太太被大娘子知道一頓嘴巴子趕了出來復後嫁了王三胖王三胖是一个候選州同他真正是太太了他做太太又做的過了把大獃的兒子媳婦一天

要罵三場家人婆娘兩天要打八頓這些人都恨如頭醋不想不到一年三胖死了兒子疑惑三胖的東西都在他手裡那日進房來搜家人婆娘又幫着圖出氣這堂客有見識預先把一匣子金珠首飾一總倒在馬桶裡那些人在房裡搜了一遍搜不出來又搜太太身上也搜不出銀錢來他借此就大哭大喊喊到上元縣堂上去了出首兒子上元縣傳齊了審把兒子責罰了一頓又勸他道你也是嫁過了兩个丈夫的了還守甚麼節看這光景兒子也不能和你一處同住不如叫他分个產業給你另在一處你守着也由你你再嫁也由你當下處斷出來他另分幾間房子在胭脂巷住就爲這胡七喇子的名聲沒有人敢惹他這事有七八年了他怕不也有二十五六歲他對人日說二十一歲歸姑爺道他手頭有子把銀子的話可是有的沈天孚道大約這幾年也花費了他的金珠首飾錦緞衣服也還值五六百銀子這是有的歸

姑爺心裡想道果然有五六百銀子我丈母心裡也歡喜了若說女人會撒潑我那怕磨死倪家這小孩子因向沈天孚道天老這要娶他的人就是我丈人抱養這个小孩子這親事是他家教師金次福來說的你如今不管他喇子不喇子替他撮合成了自然重重的得他幾个媒錢你爲甚麽不做沈天孚道這有何難我到家叫我家堂客同他一說管包成就只是謝媒錢在你歸姑爺道這个自然我且去罷再來討你

的回信當下付了茶錢出門來彼此散了沈天孚回家來和沈大脚說沈大脚搖着頭道天老爺這位奶奶可是好惹的他又要是个官又要有錢又要人物齊整又要上無公婆下無小叔姑子他每日睡到日中纔起來横草不拿竪草不拈每日要喫八分銀子藥他又不喫大葷頭一日要鴨子第二日要魚第三日要茭兒菜鮮筍做湯閒着沒事還要橘餅圓眼蓮米搭嘴酒量又大每晚要炸麻雀鹽水蝦吃三觔百花酒

上床睡下兩个丫頭輪流着搥腿搥到四更鼓盡纔歇我方纔聽見你說的是个戲子家戲子家有多大湯水弄這位奶奶家去沈天孚道你替他架些空罷了沈大腳商議道我如今把這做戲子的話藏起不要說也並不必說他家弄行頭只說他是个舉人不日就要做官家裡又開着字號店廣有田地這个說法好麼沈天孚道最好最好你就這麼說去當下沈大腳喫了飯一直走到胭脂巷敲開了門丫頭荷花迎着

出來問你是那裡來的沈大腳道這裡可是王太太家荷花道便是你有甚麼話說沈大腳道我是替王太太講喜事的荷花道請在堂屋裡坐太太纔起來還不曾停當沈大腳說道我在堂屋裡坐怎的我就進房裡去見太太當下揭開門簾進房只見王太太坐在床沿上裹腳採蓮在傍邊捧着礬盒子王太太見他進來曉得他爲媒婆就叫他坐下叫拿茶與他喫看着太太兩隻腳足足裹了有三頓飯時纔裹完了又

慢慢梳頭洗臉穿衣服直弄到日頭趖西纔湊
白因問道你貴姓有甚麽話來說沈大脚道我
姓沈因有一頭親事來効勞將來好喫太太喜
酒王太太道是个甚麽人家沈大脚道是我們
這水西門大街上鮑府上人都叫他鮑舉人家
家裡廣有田地又開着字號店足足有千萬貫
家私本人二十三歲上無父母下無兄弟兒女
要娶一个賢慧太太當家久已說在我肚裡了
我想這个人家除非是你這位太太纔去得所

以大胆來說王太太道這舉人是他家甚麽人
沈大脚道就是這要娶親的老爺了他家那還
有第二个王太太道是文舉武舉沈大脚道他
是个武舉扯的動十个力氣的弓端的起三伯
觔的制子好不有力氣王太太道沈媽你料想
也知道我是見過大事的不比别人想着一初
到王府上纔滿了月就替大女兒送親送到孫
鄉紳家那孫鄉紳家三間大廠廳點了百十枝
大蠟燭擺着糖斗糖仙喫一看二眼觀三的席

戲子細吹細打把我迎了進去孫家老太太戴着鳳冠穿着霞帔把我奉在上席正中間臉朝下坐了我頭上戴着黃豆大珍珠的拖掛把臉都遮滿了一邊一個丫頭拿手替我分開了纔露出嘴來喫他的蜜餞茶唱了一夜戲喫了一夜酒第二日回家跟了去的四个家人婆娘把我白綾織金裙子上弄了一點灰我要把他一个个都處死了他四个一齊走進來跪在房裡把頭在地板上磕的撲通撲通的响我還不開恩饒他哩沈媽你替我說這事須要十分的實若有半些差池我手裡不能輕輕的放過了你沈大腳道這个何消說我從來是一點水一个泡的人比不得媒人嘴若扯了一字謊明日太太訪出來我自已把這兩个臉巴子送來給太太掌嘴王太太道果然如此好了你到那人家說去我等你回信當下包了幾十個錢又包了些黑棗青餅之類叫他帶回去與娃娃喫只因這一番有分教忠厚子弟成就了惡姻緣骨肉

分張又遇着親兄弟不知這親事說成否且聽下回分解

前半寫向觀察吳友堂皇鄭重可歌可泣乃顏魯公作書筆力直欲透過紙背

金次福初來說親其於王太太益略得其概故但能言其奩資之厚箱籠之多益此事已七八年而次福新近始知之其意不過慫恿成局以圖酒食而已本無他想沈天孚卻能知其根抵是以歷歷言之然猶是外象三爻至沈大腳然後識其性情舉動和盤托出作三段描寫有前有後有詳有略用意之新穎措辭之峭拔非惟稗官中無此筆仗求之古名人紀載文字亦無此奇妙也

沈大腳生花之口不由太太不墮術中觀後文杜慎卿江郡納姬而沈大腳又換一番詞語令慎卿不得不墮術中如讀長短書亦得不拍案叫絕

王太太未嘗見沈而已將他之性情舉動一一

描摹盡致試思如此一个人而鮑廷璽竟娶他來家將何以處之閱者且掩卷細思此後當用何等筆墨不幾何思路皆窮觀後文娶進門來許多犺狢事項非錦綉之心不能布置然後頓服作者才力之大